INVENTAIRE
V 22698
(362)

GUERRE DU SOUDAN

PUBLICATION DE LA RÉUNION DES OFFICIERS

GUERRE DU SOUDAN

(LE MADHI)

PAR

A. GARÇON

Membre de la Réunion des Officiers et de la Société de Géographie,
Professeur à l'Association polytechnique.

AVEC CARTE DU THÉATRE DE LA GUERRE

PARIS | LIMOGES
11, Place St-André-des-Arts | Rue Manigne, 18.

Henri CHARLES-LAVAUZELLE

ÉDITEUR MILITAIRE.

1884

Tous droits réservés.

GUERRE DU SOUDAN

(LE MADHI)

De révolte partielle, l'insurrection du Soudan prend le caractère d'une véritable guerre, qui nécessitera l'intervention de l'armée régulière anglaise contre les forces que le Mahdi a pu réunir autour de lui après ses différents succès sur les troupes égyptiennes.

L'attention publique est vivement surexcitée en Europe au sujet des événements, et la France est, comme nous l'indiquerons plus loin, fort intéressée dans la question, quoique ne s'y trouvant pas engagée d'une manière active et directe.

Nous avons donc pensé qu'il serait intéressant

de retracer les divers évènements dont le sud de l'Égypte est le théâtre depuis quelques années.

LE SOUDAN

Les Arabes appellent Soudan la partie de l'Afrique centrale connue sous le nom de Nigritie proprement dite, bornée à l'ouest par la Sénégambie, à l'est par l'Abyssinie, au nord par le Sahara et la Nubie, au sud par la Guinée et les régions australes de l'Afrique, et habitée par des noirs de race éthiopienne, divisés en une multitude de peuplades et de tribus. Beaucoup sont fétichistes et mahométans. Les parties arrosées par le Niger et le Nil et leurs affluents sont très fertiles; le reste est inculte et sablonneux.

La température est généralement très élevée et la saison des pluies commence en juin.

Quelques parties produisent de l'indigo, du tabac, du café et des bois d'essences diverses.

La poudre d'or, l'ivoire et les plumes d'autruche sont les principaux objets de commerce; il faut y ajouter aussi le trafic des esclaves, que les derniers évènements favorisent malheureusement.

Outre la plupart des animaux féroces du nord de l'Afrique, on y rencontre des éléphants de petite taille, des chameaux, des buffles et du bétail de tous genres.

En dehors de l'Égypte proprement dite, les possessions du khédive étaient, avant les événements actuels :

Le *Kordofan*, ayant 108,280 kilomètres carrés et peuplé par environ 278,740 habitants.

Le *Darfour*, 451,084 kilomètres carrés, peuplé d'environ 4 millions d'habitants;

Les autres parties du Soudan et les provinces équatoriales ont une population évaluée à 6,500,000 habitants.

Cette partie de l'Afrique n'est encore qu'imparfaitement connue, et ce n'est que depuis le commencement de ce siècle que des voyageurs européens l'ont visitée. Citons parmi eux Brown, Mungo-Park, Caillé, Laing, Barth, Baker, Livingstone, Abbadie, Duveyrier, Stanley et l'intrépide explorateur des sources du Nil, Chaillié-Long.

Le pacha d'Égypte, Méhémet-Ali, de célèbre mémoire, et le régénérateur de cette contrée, avait envoyé en Nubie un de ses fils, Ismaël-Pacha, qui ajouta aux possessions égyptiennes les parties qui forment les provinces de Dongola, Senaar, Kordofan, et mourut assassiné en 1822. Pour venger sa mort, Méhémet-Ali fit massacrer un grand nombre de Nubiens et détruisit presque Shendy.

Depuis, le khédive Ismaël, père du souverain actuel, avait, avec le concours de sir Samuel Baker, et dans le but d'entraver le commerce des esclaves, annexé, en 1874, une partie du Soudan, appelée Darfour.

LE COLONEL GORDON

Après cette expédition, l'administration des provinces conquises fut remise entre les mains du colonel anglais Gordon.

Cet officier est connu en Angleterre sous le nom de Chinese Gordon (Gordon le Chinois), par suite de la part importante qu'il prit à l'apaisement de la révolte des *Taï pings*, comme commandant en chef de l'armée chinoise, qu'il réorganisa en 1863. Au Soudan, il réussit à maintenir dans l'obéissance les contrées nouvellement annexées et, faisant une guerre sans trêve aux marchands de chair humaine, fit preuve des plus remarquables talents d'administrateur dans ses difficiles fonctions.

Il fut pendant trois ans comme le souverain et dictateur du Soudan, jusqu'à l'abdication du khédive qui, le 8 août 1879, sous la pression de la France et de l'Angleterre, fut remplacé par son fils Méhémet-Tewick, né en 1852, qui porte le titre de khédive d'Égypte, souverain de la Nubie, du Soudan, du Kordofan et du Darfour.

Attristé par la chute de son maître et ami le khédive Ismaël, Gordon-Pacha eut le tort de vouloir se mêler des affaires intérieures d'Égypte. Il adressa des remontrances au nouveau vice-roi, aux consuls de France et d'Angleterre et aux contrôleurs généraux; le gouvernement anglais s'en formalisa et fit rappeler le colonel Gordon en 1880.

Les derniers événements viennent de remettre de nouveau en lumière ce personnage, dont nous aurons l'occasion de parler plus loin.

Dès que Gordon-Pacha eut installé à sa place les nouveaux fonctionnaires égyptiens nommés par le khédive, le pays fut bientôt en proie à des désordres de tous genres qui amenèrent la désaffection des habitants, pressurés et maltraités par les pachas gouverneurs.

C'est alors que commença l'insurrection actuelle.

LE MADHI

Mohamed-Ahmed est un hardi aventurier qui a su manier habilement la propagande religieuse et réussir à se faire reconnaître par les populations soudaniennes comme le Mahdi.

Suivant lui, il est le chef, le guide promis par le Coran pour conduire les musulmans à la conquête du monde et à l'extermination de tous les infidèles.

Les autorités égyptiennes, envers lesquelles il se mit en état de révolte, étaient, d'après ses idées, coupables de pactiser avec les ennemis de l'islam.

Ce fanatique, qui est né à Dongola, l'an 1260 de l'hégire (1844), est le fils d'un charpentier appelé Abdellabi, et sa mère se nommait Amina. Ses deux frères aînés, ayant reconnu en lui de grandes dispositions pour l'étude, le firent instruire aux environs de Khartoum ; il eut notamment pour maître le fils du cheick El Tayeb, nommé Abdeldayim.

Lorsqu'il eut terminé ses études, surtout au point de vue religieux, il vint habiter l'île d'Aba, sur le Nil Blanc, non loin de ses frères, qui étaient constructeurs de barques aux îles des Chilouks.

Depuis 15 ans, il vivait pauvrement dans cette retraite, pleurant sur la corruption du monde, et vénéré des peuplades voisines, les Baggara ou Darbarra, lorsque, interprétant en sa faveur une prophétie de Mahomet, il entreprit de se faire passer pour le Mahdi, l'envoyé de Dieu, destiné à régénérer le monde. Il écrivit à tous les cheicks, chefs voisins, leur apprenant que Mahomet lui était apparu et lui avait annoncé de la part d'Allah qu'il était le Mahdi, et que sa mission devait commencer.

Il fit bientôt des prédications dans les environs et parvint à faire de nombreux prosélytes.

Ce ne fut qu'un an après, en 1881, que le gouvernement fut averti de l'agitation qui existait dans cette région, et lorsque déjà l'influence du faux prophète était sérieusement établie.

Mohamed-Ahmed, qui a environ 40 ans, est un homme de taille moyenne ; son teint est jaune clair et sa barbe extrêmement noire. Fort maigre, par suite des jeûnes rigoureux qu'il s'impose, son costume est des plus simples; il est habillé de grosse toile de coton, chaussé de sandales et coiffé d'un petit turban. Ses yeux vifs et brillants lui donnent l'aspect d'un illuminé.

Sans pitié dans le combat, il a montré, en certaines occasions, qu'il était susceptible d'une grande générosité après la victoire.

A la nouvelle de ce qui se passait aux environs de l'île Aba, Raouf-Pacha, gouverneur général, envoya en 1881 un nommé Abou-Sounoud, avec un détachement de 200 soldats pour s'emparer du soi-disant Mahdi; mais les partisans de celui-ci en ayant été avertis massacrèrent les 200 soldats, dont le chef réussit seul à s'échapper.

Lorsqu'il connut cet acte de rébellion, le khédive donna l'ordre de réunir des forces plus importantes pour s'emparer du chéick fanatique,

Le 16 septembre 1881, des troupes égyptiennes avaient été réunies à Cawa pour l'expédition sur l'île Aba; mais le Madhi, averti par ses partisans, put se mettre en sûreté avec ses derviches, en se dirigeant vers les montagnes de Gadir.

Toutefois, 500 soldats, commandés par Rachid-Bey, tentèrent de le saisir dans cette retraite; mais les plaines de Gadir furent leur tombeau, aucun n'échappa au massacre qui eut lieu (novembre 1881). Ce nouveau succès acquit de nombreux partisans au Mahdi, mais le gouvernement égyptien, voyant grandir le péril, organisa une nouvelle expédition contre lui.

C'était au moment où le khédive Tewick voyait son autorité méconnue et où l'influence d'Arabi-Pacha dirigeait tout le gouvernement. Arabi s'opposa à l'envoi de renforts; et, à l'avènement du ministère Baroudi-Arabi, Raouf-Pacha était remplacé comme gouverneur général du Soudan par Abdelkader-Pacha.

RÉVOLTE DU SOUDAN

Le gouverneur intérimaire, Giegler-Pacha, désirant se réserver l'honneur de la capture du faux prophète, organisa une colonne expéditionnaire forte de 700 hommes, sous la conduite du général Youssouph-Pacha, qui, en avril 1882, se dirigea vers Gadir.

Mais là les Egyptiens furent attaqués par 50,000 Arabes, commandés par les deux frères de Mohamed-Ahmed, et en une heure la petite colonne était anéantie, non sans avoir causé des pertes sérieuses aux partisans du Mahdi, dont les deux frères, Mohamed et Ahmed, périrent dans cette bataille.

Pendant ce temps, le Senaar se révoltait; 10.000 insurgés, sous la conduite d'un soi-disant lieutenant du Mahdi, dévastaient la contrée, pillant et massacrant tout. Abou-Haraz, à peu de distance de Khartoum, était aussi le théâtre d'une autre révolte, et les troupes de Giegler-Pacha ayant été défaites dans plusieurs autres rencontres, celui-ci fut obligé de rentrer dans Khartoum.

Pendant ce temps, la presque totalité des troupes égyptiennes, commandées par Arabi, luttaient dans la Basse-Egypte, contre l'armée anglaise du général Wolseley.

C'est ce moment que le Mahdi choisit pour marcher sur El Obeid, capitale du Kordofan. Le 12 septembre 1882, il se présente sous les murs de la ville à la tête d'une armée forte d'environ 190,000 hommes.

Obeid, que l'on avait pu mettre en état de défense, soutint vaillamment l'attaque du Mahdi, qui perdit 12,000 hommes dans les différents assauts qu'il donna. Mais Mohamed, résolu à s'emparer de la ville, en fit le blocus et réussit à détruire, en novembre 1882, une colonne de 9,700 soldats envoyée au secours de la place. 1,000 hommes purent se réfugier dans la ville de Bara; mais cette place était bientôt attaquée, prise, et la garnison passée au fil de l'épée.

PRISE D'OBEID

Après quatre mois de résistance, la ville d'Obeid, bloquée de tous côtés et vaincue par la famine, fut obligée de se rendre le 17 janvier 1883. Le Mahdi se vengea cruellement de la résistance et détruisit tout, sans égard pour le sexe et la nationalité; beaucoup d'officiers, de notables et de négociants furent, ainsi que leurs familles, torturés et vendus comme esclaves.

Avant cette époque, en décembre 1882, un détachement de 1,200 Egyptiens, commandé par Saïd-Bey, avait été battu par 15,000 insurgés à Giabelein, sur le fleuve Blanc. Karkodi, ville située sur le fleuve Bleu, fut en partie brûlée, et 400 soldats et négociants y étaient massacrés. Mais peu après les troupes égyptiennes prirent le dessus et parvenaient à chasser les insurgés de Senaar et Karkodi.

En février 1882, il y eut deux engagements importants à environ dix heures de Khartoum, sur le fleuve Blanc ; dans le dernier combat, les insurgés furent battus, et l'un des chefs, le faquir Idris, y trouva la mort.

EXPÉDITION DU GÉNÉRAL HICKS

Afin d'enrayer les progrès de l'insurrection, on forma un corps expéditionnaire composé de troupes choisies et montant à environ 10,000 hommes, dont 8,000 fantassins, 6 batteries d'artillerie, 130 cavaliers réguliers et 300 bachi-bouzouks. Le commandement en chef fut d'abord donné à un général de division turc, du nom de Soliman-Pacha-Nianzi, ayant pour chef d'état-major le colonel anglais Hicks, de l'armée des Indes, qui avait rang de général. Plusieurs officiers anglais et allemands faisaient aussi partie de l'état-major. Les troupes devaient avoir Cawa, sur le fleuve Blanc, pour quartier général, et se diriger sur Giabelein et Goz-Awlad-Giouma, situés sur le même fleuve.

On révoqua aussi le gouverneur Abdelkader-Pacha, qui fut remplacé par Aleïddin-Pacha, lequel avait une grande expérience du Soudan oriental.

Cette expédition, dont la direction fut par la suite laissée presque entièrement au général Hicks, avait été combattue en principe par Baker-Pacha, qui était d'avis d'abandonner le Darfour et de se maintenir solidement entre le Nil Blanc et la mer Rouge, en pacifiant le Senaar sans entrer dans le Kordofan.

On ne se rendit pas à cet avis, et le gouvernement pressa la marche de l'expédition. Les troupes qui composaient la petite armée furent amenées de Suez à Souakim, sur la mer Rouge.

Comme route, le général Hicks choisit celle allant de Souakim à Berber, sur le Nil, et de là à Khartoum.

Parti de Souakim le 13 février 1883, le général Hicks parvint à Khartoum après quelques jours de marches difficiles; avant d'arriver à cette ville, un combat eut lieu à Assalia, où les troupes du Mahdi furent défaites. On expédia de Souakim deux petites colonnes de renforts; mais elles furent battues le 18 octobre, près de Souakim, et le 6 novembre, non loin de Tokar.

DÉSASTRE DE KASGILL

On fut bientôt inquiet au sujet de la colonne expéditionnaire, dont les communications se trouvèrent coupées lorsqu'elle eut quitté Khartoum ; elle manquait de cavalerie suffisante et les troupes n'avaient pas la solidité nécessaire pour une entreprise contre un ennemi beaucoup plus nombreux et fanatisé par ses succès précédents.

On était depuis quelque temps sans nouvelles du général Hicks, lorsque l'on apprit, par des personnes échappées au désastre, que, dans les journées des 3, 4 et 5 novembre 1883, la colonne entière, attirée dans un piège dans le défilé de Kasgill, à quelques lieues d'Obeid, avait été entièrement écrasée par les troupes de Mohamed-Ahmed, dix fois supérieures en nombre.

Quoique mal armés, les soldats du Mahdi employèrent leur tactique habituelle, qui consiste à se précipiter sur les troupes comme à l'assaut, sans souci des pertes nombreuses que leur cause le feu des remingtons ; leurs masses, sans cesse renouvelées et fanatisées, finirent par triompher du petit nombre relatif de leurs adversaires.

On attribue le désastre à la trahison d'un nommé Klootz, serviteur d'un des officiers allemands accompagnant l'armée.

Les Européens, le général Hicks en tête, vendirent chèrement leur vie et moururent en braves. L'ennemi fit un grand butin en armes, vivres et munitions de toutes sortes. On espère toutefois qu'une partie de l'armée a pu se réfugier du côté de Takel, mais l'incertitude est encore très grande.

Guerre du Soudan.

Les ulémas de Constantinople ont déclaré le Mahdi imposteur et faux prophète, et l'impression produite par la nouvelle du désastre de Kasgil fut aussi vive dans cette ville qu'au Caire et à Londres.

Cette victoire a doublé l'influence du Mahdi et lui a donné de nouvelles forces pour continuer la lutte; elle a montré la presque nécessité d'abandonner le Soudan dans la partie du Darfour et du Kordofan. Depuis, beaucoup de troupes égyptiennes ont passé à l'ennemi avec armes et bagages, et toutes les populations de ces contrées pactisent avec les insurgés.

DÉFAITE DE TEB

Enfin, au commencement de février 1884, on apprenait que la colonne de Baker-Pacha avait été aussi battue à El Teb, près de Tokar, non loin de Souakim. Les troupes égyptiennes ne se sont presque pas défendues, les soldats jetaient leurs armes; mais les Arabes, armés de longues lances et de poignards, les massacraient sans pitié. Le général Baker put s'échapper avec beaucoup de peine.

REDDITION DE TOKAR

Le 22 du même mois, lord Granville recevait la nouvelle de la capitulation de Tokar, dont les habitants ont ouvert les portes au Mahdi, qui menace maintenant Souakim, sur la mer Rouge, où l'indiscipline règne parmi les troupes de la garnison. La ville n'est défendue d'une manière efficace que par l'escadre anglaise de l'amiral Hewett.

GORDON-PACHA

Tous ces événements ont vivement surexcité les esprits en Angleterre, et le gouvernement faisait appeler, le 18 janvier dernier, le colonel Gordon, dont il a été déjà parlé au commencement de cette étude, et le chargeait de partir sans retard pour l'Egypte avec la mission « d'opérer de la meilleure manière possible l'évacuation du Soudan, et d'assurer la domination égyptienne sur les bords de la mer Rouge ».

Après son départ du Soudan, en 1880, Gordon-

Pacha avait été nommé secrétaire général du vice-roi des Indes, le marquis de Ripon. Il ne resta que six mois dans cette position, et se mit à voyager en Chine, au Japon, au Cap, en Palestine, à Constantinople.

Il était en dernier lieu à Bruxelles et sur le point d'aller rejoindre Stanley sur le Congo, lorsqu'il accepta l'offre du gouvernement anglais et partit pour le Soudan, muni de pleins pouvoirs, et de plusieurs millions, pour la mission qui lui était confiée.

Au commencement de février 1884, Gordon-Pacha avait pu arriver à Korosko, par le Nil, de là à Berber et ensuite à Khartoum, où, dès le 17 du même mois, il lançait une proclamation qui, par suite des deux paragraphes suivants, produisit une grande sensation en Europe.

« L'Egypte et l'Angleterre, après un accord préalable, m'ont nommé Vali général du Soudan. Cette contrée est détachée de l'Egypte. »

Puis, brûlant ses vaisseaux et permettant ce qu'il avait toujours combattu pendant ses trois années de presque dictature au Soudan :

« Je désire vous rendre le bonheur et la tranquillité. Je sais que vous êtes bien irrités de la prohibition du trafic des esclaves. J'ai décidé de permettre ce trafic et ai donné ordre aux crieurs de publier ma décision.

» Tous ceux qui possèdent des domestiques

peuvent les regarder comme leur propriété et les vendre. »

Aux représentations qui lui ont été faites à ce sujet, il a répondu que l'abandon du Soudan étant décidé, il fallait laisser faire ce qu'on ne pouvait empêcher. Son but est de gagner du temps en s'attirant la bienveillance des marchands d'esclaves, tout-puissants dans cette contrée, et dont l'un, nommé Ilhias, des environs d'Obeid, fut un des premiers révoltés, et dispose d'environ 3,000 hommes armés pour cette chasse aux noirs.

Il faut que Gordon-Pacha rapatrie 10,000 hommes de troupes égyptiennes, dont une partie, sous la direction du colonel anglais Coëtlogon, a déjà quitté Khartoum pour Assouan ; 15,000 habitants de la même ville, trop compromis pour rester sous la domination du Mahdi, doivent aussi être rapatriés. Le temps presse, et le faux prophète menace la ville. La situation est donc difficile. Quoique les dernières nouvelles laissent peu d'espoir, nous espérons que Gordon-Pacha réussira dans sa mission, sans cela nous aurions bientôt la nouvelle de nouveaux massacres. D'un autre côté, l'armée d'occupation et la flotte doivent coopérer à la protection des côtes de la mer Rouge.

Mais, pendant ce temps, le Mahdi et son beau-frère, Osman-Digma, organisent leurs nouvelles conquêtes, et s'attirent tous les jours de nouveaux adhérents.

En Angleterre, des interpellations ont eu lieu à la Chambre des Lords et dans celle des Communes. Le ministère Gladstone ne s'est maintenu et n'a obtenu un vote de confiance qu'en se montrant résolu à agir vigoureusement, et son existence paraît liée à la réussite de la mission Gordon.

Ce général pense remonter d'ici peu le Nil-Blanc jusqu'à Duem, afin de parvenir à détacher du Mahdi la puissante tribu des Baggaras, qui est la principal force du faux prophète.

Sa proclamation du 17 février paraît ne pas avoir eu l'effet désirable, puisque les dernières nouvelles nous apprennent que Gordon-Pacha menace maintenant les populations du Soudan de l'arrivée prochaine des troupes anglaises qui les forceraient à rentrer dans le devoir.

Les troupes anglaises de la métropole vont renforcer le corps d'occupation d'Égypte, et, en attendant une action plus énergique, un corps anglais commandé par le général Graham, et fort de près de 5,000 hommes, a quitté Souakim il y a peu de temps, se dirigeant sur Tokar.

Ce corps comprend deux brigades, dont l'une est commandée par le général Buller, et l'autre par le général Graham. Elle comprend des Highlanders, des chasseurs irlandais, de l'infanterie de marine, des bataillons de ligne des régiments d'York et de Lancastre, un régiment de cavalerie, plus la garde noire égyptienne et un détachement de marins ; l'artillerie dispose de 20 canons.

VICTOIRE DE EL TEB TRINKITAT

(29 février 1884.)

L'ennemi, retranché dans une ancienne redoute, construite par Baker-Pacha, a été rencontré le 28 février par l'avant-garde. Le 29, la bataille continua et le corps anglais, couvert par des tirailleurs et formé en carré, s'avança lentement, repoussant l'ennemi. Les retranchements élevés à l'entrée du défilé qui conduit aux puits de l'oasis furent enlevés après un combat acharné. Bientôt, malgré les assauts réitérés des Arabes, les troupes du Mahdi, commandées par Osman-Digma, étaient totalement battues, laissant environ 1,100 morts sur le terrain, et abandonnant le camp qui contenait près de 400 tentes.

Baker-Pacha a été grièvement blessé à la tête par un éclat d'obus. L'amiral Hewett avait suivi la colonne anglaise avec une partie de son état-major.

Les 4,000 Anglais ont eu à lutter contre environ 9,000 insurgés bien retranchés, et ont eu environ

50 tués et de nombreux blessés, surtout dans la cavalerie.

Cette victoire du général Graham aura pour conséquence de raffermir l'influence anglaise et de montrer au Mahdi la différence qu'il y a entre les troupes européennes et les soldats égyptiens qu'il avait presque toujours vaincus jusqu'ici.

REPRISE DE TOKAR

Le 1er mars, le général Graham, avec sa brigade, marcha sur Tokar qui lui ouvrit ses portes sans résistance ; et depuis, sur l'ordre du général Stephenson, commandant en chef le corps d'occupation, les troupes anglaises sont rentrées à Souakim.

LES ABYSSINIENS

Mais il existe un autre point noir à l'horizon. Comme si cela n'était pas suffisant pour cette malheureuse Égypte, si éprouvée depuis quelques années, l'Abyssinie demande aussi la cession de Massovah, sur la mer Rouge. Le Negus Jean ou

Johannes a déjà lutté victorieusement contre les Égyptiens. On se rappelle qu'en 1876, une expédition égyptienne, commandée par le général Loring, fut envoyée, à l'instigation de Nubar-Pacha, contre le successeur de Théodoros. Cette campagne se termina par un immense désastre : le 7 mars 1876, les Égyptiens perdirent 10,000 hommes sur 15,000 à la bataille de Kaya-Kor, livrée contre les Abyssiniens. L'armement, les munitions, les canons, tout fut perdu dans cette journée depuis laquelle le roi Jean n'a cessé de revendiquer l'extension de son royaume par la cession de Massovah. Cet agrandissement aurait pour lui le grand avantage de lui donner un débouché sur la mer Rouge, et tout porte à croire qu'il l'obtiendra.

L'ALGÉRIE ET LE SENOUSISME

Au point de vue de la civilisation et de la science, il est fort à regretter de voir abandonner ces contrées du Soudan, conquises par Mehemet-Ali et le khédive Imaël, et conservées depuis par suite de très grands sacrifices en hommes et en argent. Mais il y a aussi pour la France une question importante dans l'étude de ces événements, car on pense que l'insurrection du Soudan est due non seulement à la mauvaise administration égyptienne, à la dilapidation des finances, mais aussi à l'influence de la puissante secte religieuse du Senousisme.

Cette secte, très nombreuse, puisque le nombre de ses adhérents est de près de 3,000,000 (3 millions) d'individus, a son siège principal en Cyrenaïque ou Barca. De là, elle rayonne en Tripolitaine, Tunisie, Algérie et Maroc d'un côté, et la Haute-Égypte de l'autre. La province d'Oran, surtout au Sud, possède beaucoup de ces couvents senousis appelés Zaouias. Un vieille prophétie musulmane annonce pour les premiers jours du mois de Moharrem, de l'an 1300 de l'hégire, la manifestation éclatante du Madhi, c'est-à-dire du réformateur des derniers jours.

Le jour était proche et Sidi Mohamed-El Mahdi, chef actuel du Senousisme, dont le père, El Senousi, fut le fondateur de cet ordre, il y a environ 50 ans, à Mazouna, près Mostaganem, n'ayant pas suscité le mouvement attendu, le faux prophète Mohamed Ahmed, favorisé par les événements, le fit à sa place.

Quoi qu'il en soit, eu égard à l'importance de l'insurrection actuelle, qui est une des causes de la ruine de l'Égypte, et a déjà coûté la vie à plus de 100,000 personnes, prenant surtout en note son caractère religieux, il est nécessaire de veiller sur nos colonies d'Afrique. Le fanatisme musulman couve toujours sous la cendre et il faut toujours être prêt à en réprimer les écarts.

DU ROLE DE L'ANGLETERRE

L'Empire britannique, qui s'étend dans tout le monde, et compte près de 350 millions d'habitants, se sent menacé dans ses possessions de l'Inde par l'abaissement de son prestige dû aux succès du Mahdi. Aussi, estimons-nous qu'il doit réunir des forces importantes pour engager une lutte sans merci contre lui, et ne pas se baser sur le succès du général Graham pour engager peu de troupes contre de grandes masses.

A. GARÇON.

TABLE DES MATIÈRES

	Pages
Le Soudan	6
Le colonel Gordon	8
Le Madhi	9
Révolte du Soudan	12
Prise d'Obeid	14
Expédition du général Hicks	15
Désastre de Kasgill	16
Défaite de Teb	18
Reddition de Tokar	19
Gordon-Pacha	19
Victoire de El Teb Trinkitat	23
Reprise de Tokar	24
Les Abyssiniens	24
L'Algérie et le Senousisme	25
Du rôle de l'Angleterre	27
Carte de la guerre du Soudan	

Paris et Limoges. — Imp. H. CHARLES-LAVAUZELLE.

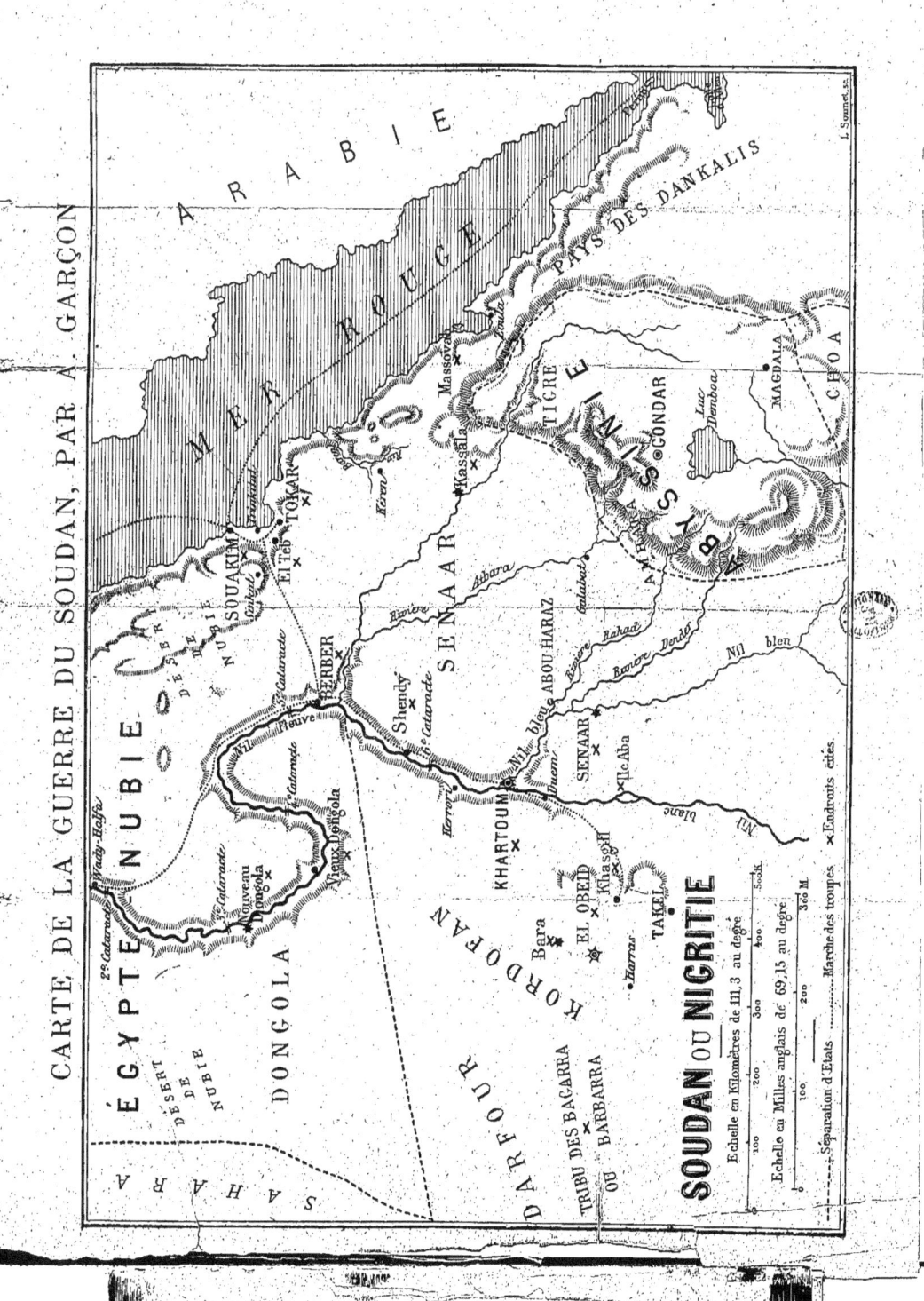

CARTE DE LA GUERRE DU SOUDAN, PAR A. GARÇON

www.ingramcontent.com/pod-product-compliance
Lightning Source LLC
Chambersburg PA
CBHW060501050426

42451CB00009B/758